# Cambridge Plain Texts

# ALFIERI

## LA
## VIRTÙ SCONOSCIUTA

# ALFIERI

## LA
## VIRTÙ SCONOSCIUTA

CAMBRIDGE
AT THE UNIVERSITY PRESS
1921

CAMBRIDGE UNIVERSITY PRESS
Cambridge, New York, Melbourne, Madrid, Cape Town,
Singapore, São Paulo, Delhi, Mexico City

Cambridge University Press
The Edinburgh Building, Cambridge CB2 8RU, UK

Published in the United States of America by Cambridge University Press, New York

www.cambridge.org
Information on this title: www.cambridge.org/9781107622975

First published 1921
Re-issued 2013

*A catalogue record for this publication is available from the British Library*

ISBN 978-1-107-62297-5 Paperback

# NOTE

VITTORIO ALFIERI, creator of a new school of tragic drama in Italy, was born at Asti in Piedmont in 1749 and died at Florence in 1803: his *Saul* still holds the stage. Heralded by Parini, Alfieri's terse, nervous, virile style finally sweeps away the last vestiges of Arcadian trivialities and pomposities. "Alfieri," says Leopardi, "was a philosopher rather than a poet. By his daring formation of words derived or composed from our own Italian he endowed our language with one of the most useful qualities of Greek. He proved how many subtle or rare shades of meaning, or things most difficult or indeed almost impossible of expression in any other way (even by using foreign words), might be expressed with ease, clearness and precision, and without soiling the purity of our idiom."

Alfieri's importance as a master of Italian prose has been overshadowed by his fame as a reformer of the tragic drama. The dialogue, which first saw the light at Kehl in 1786, is here reprinted from the Pisa edition of the *Opere*, vol. IV, and dated 1805. It was printed in Baskerville type and is characteristic of the lofty diction of him who said, *Il dire altamente alte cose è un farle in gran parte*.

THOS. OKEY.

*May,* 1921.

# LA
# VIRTÙ SCONOSCIUTA
## DIALOGO

Paulum sepultae distat inertiae
Celata virtus.

HORATIUS, *Od. IX. Lib IV*

LA
# VIRTÙ SCONOSCIUTA
## DIALOGO

### *INTERLOCUTORI*
FRANCESCO GORI, VITTORIO ALFIERI

### VITTORIO

QUAL voce, qual improvvisa e viva voce dal profondo
sonno mi appella e mi trae? Ma, che veggio? al fosco
e muto ardere della notturna mia lampada un raggiante
infuocato chiarore si è aggiunto! Soavissimo odore
per tutta la cameretta diffondesi....Son io, son io ben
desto, o in dolce sogno rapito?

### FRANCESCO

E che? non conosci la voce, l'aspetto non vedi del
già dolce tuo amico del cuore e dell'animo?

### VITTORIO

Oh vista! e fia vero? gli attoniti abbagliati miei occhi
a gran pena in cotanta tua luce fissarti si attentano.
...Ma sì, tu sei desso: quella tua voce, che quand'eri
mortale, amistade e virtù mi suonava, rispetto or
m'infonde, e con dolcezza misto un ignoto tremore.

### FRANCESCO

Riconfortati. Dagli Elisj vengo io a rivederti, con-
solarti ed alquanto star teco; dalle tue sì spesse lagrime

e sospiri già ben due anni chiamato, ora, concedendolo il fato, alfin mi rivedi.

### VITTORIO

A gran pena i miei sensi ripiglio.—Ma già quel timore, che di maraviglia nasceva, dileguasi; ed al tuo caro, e sospirato cospetto non può nel mio core albergar più temenza.

Assai cose mi rimaneano a dirti, e ad udire da te, quando (ahi lasso me!) per poche settimane lasciarti credendomi, senza saperlo, io l'ultimo abbraccio ti dava. Desolato io, ed orbo mi sono da quel giorno funesto; nè altra scorta al ben vivere, ed alle poche e deboli opere del mio ingegno mi rimase, se non la calda memoria di tue possenti parole, e di quella tua tanta virtù, di cui nobile ed eccelsa prova al mondo lasciare ti avean tolto i nostri barbari tempi, l'umil tua patria, un certo tuo stesso forse ben giusto disdegno, ed in fine l'acerba inaspettata tua morte.

### FRANCESCO

Nel reputarmi tu di cose grandi capace, forse all'affetto tuo smisurato, più che al tuo bastante intendimento, credevi. Comunque ciò fosse, morte ch'io non temeva, nè bramava; morte, che a me dolse soltanto perchè, senza neppur più vederti negli ultimi miei momenti, io lasciava te immerso fra le tempeste di mille umane passioni; ma pure, morte che al mio cuore e pensamento giovava, poichè da tanti sì piccioli e nauseosi aspetti per sempre togliemi, ogni tuo amichevole dubbio spettante a me disciolto ha per sempre.

Privato ed oscuro cittadino nacqui io di picciola e

non libera cittade; e, nei più morti tempi della nostra
Italia vissuto, nulla vi ho fatto nè tentato di grande;
ignoto agli altri, ignoto quasi a me stesso, per morire
io nacqui, e non vissi; e nella immensissima folla dei
nati-morti non mai vissuti, già già mi ha riposto
l'obblío.

### VITTORIO

Sprezzator di te stesso io ti conobbi pur sempre già
in vita; ed in ciò altresì, come in ogni altra cosa, del
tutto ti conobbi dissimile, già non dirò dai volgari, ma
dai più sommi uomini ancora: e perciò degno ti cre-
deva, e ti credo (soffri ch'io il dica; adulazion qui non
entra) degno d'esser primo fra i sommi.

Morto sei; nè di te traccia alcuna in questo cieco
mondo tu lasci, nol niego, per cui abbiano i presenti
e futuri uomini a sapere con loro espresso vantaggio,
che la rara tua luce nel mondo già fu. Ignoto ai con-
temporanei tuoi tu vivevi, perchè degni non erano di
conoscerti forse; e ad un reo silenzio mal mio grado
ostinandoti, d'essere a' tuoi posteri ignoto scieglievi,
perchè forse la presaga tua mente, con vero e troppo
dolore antivedea, che in nulla migliori delle presenti
le future generazioni sarebbero. Ma io, ben rimem-
brartelo dei, tante volte pur ti diceva, che uffizio e
dovere d'ogni alto ingegno con umano cuore accop-
piato si era il tentare almeno di renderle migliori
d'alquanto, tramandando ad esse sublimi verità in
sublime stile notate.

### FRANCESCO

Sì mel dicevi; e il rimembro. Ma rispondevati io,
(ed al mio rispondere, ben mi sovviene, tu muto
rimanevi, e piangente) rispondevati io: che de'libri,

benchè pochi sian gli ottimi, e ch'io tali fatti mai non gli avrei, bastanti pure ve ne sono nel mondo, a chi volesse ben leggerli, per ogni cosa al retto e sublime vivere necessaria imparare. A ciò ti aggiungea: che ufficio e dovere d'uomo altamente pensante egli era ben altrimenti il fare che il dire; che ogni ben fare essendoci interdetto dai nostri presenti vili governi; e il virtuoso e bello dire essendo stato così degnamente già preoccupato da liberi uomini, che d'insegnare il da lor praticato bene aveano assai maggior dritto di noi, temerità pareami il volere dalla feccia nostra presente sorger puro ed illibato d'esempio; e che viltà mi parea lo imprendere a dire ciò, che fare da noi non si ardirebbe giammai; e che stolto orgoglio infin mi parea l'offendere i nostri conservi con liberi ed alti sensi, che i loro non sono, poichè pur si stanno; i quai sensi in me più attaccati da' libri, che miei proprj, riputerebbero essi; e con ragione forse, vedendomi di sì alti sensi severo maestro, e di sì vile vita, quale è la nostra, arrendevol discepolo.

### VITTORIO

Che tu, figliuol di te stesso, per te stesso altamente pensavi, io ben lo seppi, che vivo conobbiti; saputo del pari lo avrebbero con lor vantaggio e stupore quegli uomini tutti, che da' tuoi scritti conosciuto ti avessero. Ma in te più lo sdegno dei presenti tempi potea, che l'amor di te stesso e d'altrui.

Eppure degno non eri, nè sei, di questa morte seconda; e se io lena e polso mi avessi; se dal pietoso, alto e giusto desío d'onorare eternando il tuo nome, pari all'ardore le forze traessi; se in pochi, ma caldi, periodi mi venisse pur fátto di esprimere la quintes-

senza, direi, della sublime tua anima, di quella fama
che tu non curasti; verrei forse io in tal guisa ad
acquistartene parte: non tutta, no, mai; che ciò solo
alla tua luce creatrice aspettavasi, non alla mia per se
stessa sì poca, e che se nulla in tant'opra valesse; tutto
terrebbe dalla sublime dignità del soggetto.

### FRANCESCO

La tua amicizia per me in ciò ti lusinga, non men
che l'amor di te stesso. Fama non ottiene, e non
merita, chi per acquistarla instancabilmente non spese
il sudore, il sangue, e la vita. Tu da te stesso la speri,
ben so, co' tuoi scritti: a ciò t'incoraggiva pur io,
credendoti, per le tue circostanze ed età, più di me
atto ad entrar nell'arringo; e gli stessi miei argomenti
tu ritorcevi spesso contro di me per risolvermi ad
impugnare la penna. Se cosa del mondo piegar mi
poteva a ciò fare, tu solo potuto l'avresti; ma la più
verace ragione che men distolse, fu, che a ciò non
m'essendo io destinato fin dalla prima età mia, le
poche forze del mio ingegno tutte al pensare, e al
dedurre rivolsi assai più che allo scrivere, onde lo stile,
quella possente magica arte delle parole, per cui sola
vincitore e sovrano si fa essere il vero, lo stile manca-
vami affatto.

### VITTORIO

E in ciò, soffri che io a te contraddica, sommamente
pur t'ingannavi. Nato nel più puro grembo della
tosca favella, auree parole non ti poteano mancar mai;
pieno, ridondante di forti, veraci, e sublimi pensieri,
avresti, senza avvedertene, l'ottimo tuo naturale stile
perfettissimo ridotto scrivendo; e da libro nessuno lo

avendo imparato, uscito sarebbe dal tuo robusto capo
col getto della originalità da imitazione nessuna con-
taminato.

Nuove cose in nuovi modi a te si aspettava di
scrivere; ed hai pure, col non volerlo, agli uomini tolto
il diletto, il vantaggio, e la maraviglia; a me la infinita
dolcezza di vederti degnamente conosciuto e onorato;
a te stesso la gloria ed il nome. Finchè vivo dintorno
a me ti vedea, (me misero!) sulla fallace instabilità delle
umane cose affidandomi, nella mente tua nobile, e nel
caldo tuo cuore, come in un vivo e continuo libro,
te, gli uomini tutti, e me stesso imparava io a studiare
e conoscere. Allettato dal tuo dotto, piacevole, saggio,
eppure sì appassionato parlare, securo io troppo nella
tua ancor verde età riposando, più a goderne pensava,
che a porne con sollecitudine in salvo il migliore,
insistendo, incalzandoti, e anche, bisognando, amichevolmente sforzandoti a scrivere per tutti, e per me,
invece di parlar per me solo; poichè tu con ogni altro
uomo quasi del tutto chiuso vivevi. Di questa mia
inescusabile sconsideratezza e notte e giorno piango
io: questa è, sol questa, la verace tua morte, che me
addolora e dispera; questo è il fiero irreparabile comune
e mio danno, che mi martira. Te sfuggito e sottratto
alle noje, al servire, al tremare, alla vecchiezza, alle
infermità, e più di tutto al dolore immenso e continuo
di conoscere il bene ed il grande, e non poterlo nè
ritrovar nè eseguire; te invidio bensì, ma te non com-
piango giammai.

FRANCESCO

Venendo io dalla magione del disinganno, potrei su
questo umano delirio, che amor di fama si appella,

dirti e dimostrarti tai cose, che non solo ti consolerebbero di questa tua ideale mia fama, da me non acquistata, (nè acquistabile mai) ma ad un tempo istesso ti trarrebbero forse del cuore l' ardentissimo desiderio che della tua propria tu nutri nel petto.

Ma, cessi il cielo, che così dolce ed utile chimera io voglia giammai negli umani petti, nè pur menomare, non che distruggerla. Cagione essa sola d'ogni umana bell'opera, sovra chi più è nato ad intraprendere ed eseguire il bello, più dispotica regni. E pur troppo già di essa il moderno pensare è nemico; e quindi la sempre maggiore scarsezza d'uomini grandi, e di alte cose.

Non biasimo dunque in te, nè mi offende, questo amorevole tuo rammarico, che della intera mia nullità mi dimostri; e, se a rivivere avessi, per compiacerti e darti indubitabile prova che la tua stima mi sarebbe caldo incentivo al ben fare, mi proverei in quale stadio potessi atleta riuscire. Posso io più espressamente teco ricredermi della passata mia infingardaggine?

### VITTORIO

Questo tardo tuo pentimento, e la ragione che vi ti muove, vieppiù sempre mi accorano. Or sappi, che cercando io, non sollievo, ma pascolo al mio dolore colla tua amata memoria, di alcune tue carte fra mani cadutemi pensai di far uso, un qualche saggio che tu sei stato mandandone al pubblico colla stampa. Quelle sono, in cui col vivacissimo pennello della tua bollente, ma giusta ed erudita fantasia, tu descrivi presso che tutti i migliori dipinti della tua città; la quale, benchè poco si sappia dai più, ne è pure abbondantissima.

### FRANCESCO

Nol far, deh, nol fare, se davvero tu m'ami. Tu sai, che per mio solo passatempo e diletto io già, così come dava la penna, buttava in carta l'effetto che mi parea ricever nell'animo dalla vista ed esame di quelle pitture. Nessuna idea, neppur leggerissima, di far su ciò libri mi cadde mai nella mente; e benchè corra adesso questa smania di belle arti; ed alcuni, nulla potendo essere per sè stessi, nè far del loro, abbiano creata questa nuova arte di chiacchierar sull'altrui; tu sai che io sempre ho reputato esser questa una mera impostura: perchè il vero senso del bello si può assai più facilmente provare, che esprimere. E a questi entusiasti di belle arti chi credere veramente potrà nel vederli così caldi ammiratori di un Bruto dipinto, e così freddi lettori poi di un Bruto da Livio scolpito?

Il forte sentire, credilo a me, egli è una liquida sottile infiammabile qualità, che per ogni nostra vena e fibra trascorre, ed a tutti i sensi si affaccia. Or, che saran questi grandi, che in altro nol sono, che nella potenza degli occhi? Nol sono in quella neppure; s'infingono, s'ingannano per ingannare.

Io mi diedi ad osservare e gustar le belle arti alcun poco, ma chiuso in me stesso; e ciò feci allor quando vidi, e convinto mi fui, che l'osservare e il gustare le forti e magnanime imprese era in questi nostri tempi cagione di più infelicità e dolore. Se uomo mai pianse, si rose, e consumò in se stesso per lo trovarsi le vie tutte al forte operare impedite, certo sono io stato un di quelli. Vedi ora se con sì feroce tarlo nel cuore io posso aver amato le arti per altro che per deviare, direi così, la troppa mia bile; nè scritto di esse per altro, che per mio mero piacere, senza intenzion nessuna di riportarne la più minima lode pur mai.

### VITTORIO

Ed appunto per ciò traluce in questi tuoi scritti un certo vero, e non affettato nè ingrandito senso del bello, dal quale vorrei che con loro vergogna imparassero codesti moderni entusiasti, che le gran parole, grandi cose non sono; e che il caldo dell'anima di chi ha osservato e sentito il bello, non trapassa veramente nel cuore di chi ne legge il resultato, se non per via della più naturale semplicità.

Quindi io avea presso che risoluto in me stesso di dare in luce quelle tue sole descrizioni dei dipinti della sala del palazzo pubblico in Siena; i quali, per essere bei fatti di storia d'amor patrio, e di libertà, non avrebbero meno testimoniato il tuo finissimo tatto nell'arte, che il tuo forte entusiasmo per le vere e sublimi virtù; e mi parea di vedervi in poche tue parole vivamente dipinto te stesso; e mi bastava ciò, per mostrare di te quasi un raggio al volgo degli uomini: e, per tutto in somma svelarti, a quel tuo brevissimo scritto disegnava io di far precedere una tua brevissima vita, in cui dimostrato avrei, ma con modeste parole, del pari il tuo raro valore, e la mia calda amicizia e ammirazione vera per te.

### FRANCESCO

Vita? che dici? Per la nostra amicizia caldamente ten prego, nol fare.

Le vite scriveansi altre volte de' santi, affinchè le leggessero gl'idioti; e quelle degli uomini politicamente grandi in virtù, affinchè leggendole i pochi, che di grandezza aveano alcun seme nel cuore, più fortemente, e più tosto, mossi da nobile maraviglia ed invidia, lo sviluppassero, e leggendole gli altri moltissimi impotenti, se ne maravigliassero soltanto. Le vite si scrivono presentemente d' ogni principe che fatto abbia o disfatto delle leggi, e vinte o perdute delle battaglie, e d' ogni autore, che schiccherato abbia comunque alcuni fogli di carta.

Ma, quali che siano stati costoro, la base pur sempre di questa loro terrena apoteosi si è l'essere essi stati conosciuti almeno, o saputi: ma lo scriver la vita di uno che nulla ha fatto, e che nessuno sa che sia stato, sarebbe giustamente reputato espressa follìa: che se frai termini della mediocrità d'ogni cosa in cui vissi, tu mi rappresentassi dal vero, direbbero i pochi che ti leggessero: *Una comune virtù, meritava ella vita?* Se, o con lusinga di stile, o con ingrandimento del vero, tu dalla sola e cieca amicizia guidato, imprendessi a ritrarmi, direbbero con più ragione i lettori: *Ma, che ha egli fatto costui, per meritar sì gran laudi?*

Tu vedi dunque che le vite vogliono essere scritte di coloro soltanto, che o gran bene, o gran male agli uomini han fatto. E, degli antichi scrivendo, perfetto modello di ciò ne ha lasciato il divino Plutarco: e a scrivere dei moderni (di cui un volume d'assai minor mole farebbesi) non è sorto ancora un Plutarco novello. Benchè tutto dì delle vite si scrivano, non si dà però vita a nessuno, nè la ottiene per sè lo scrittore. Saviamente dunque, e da molto più verace mio amico farai, di me soltanto ricordandoti, se pur ti giova, ma tacitamente nel tuo cuore; e nulla affatto di me mai scrivendo; perchè in qualunque modo tu ponessi in carta questo

tuo affetto per me, potresti con tuo dolore e mio danno
dal tristo esito di un tale tuo scritto ritrarne il disinganno della opinione, in che tu mi tieni.

### VITTORIO

E queste stesse cose che ora dicendo mi vai, deh,
perchè il mondo intero non le ascolta! Dalla tua
nobile e natural non curanza di te stesso, quanta
grandezza dell' alto tuo animo non trasparirebbe a
quei pochi che conoscono il vero, e che non sempre
giudicano le cose dall' effetto! Io per l' appunto nel-
l'accennare al pubblico alcuni tuoi tratti, e brevemente
sovra essi ragionando, nutriva assai fondata speranza
di poter con evidenza dimostrare, che la virtù vi può
essere anco ne' più servili tempi, e nei più viziosi
governi; che tal virtù vi può essere, la quale, anche
nulla operando, a quella, che il più operasse giammai,
si pareggi; e che in somma, quando ella nasce e dimora
là dove tutto l' impedisce, la distrugge, o la scaccia,
egli è ufficio di retto uomo, non che di verace amico,
il manifestarla a tutti per consolare e incoraggire i
pochissimi buoni, e per vie più confondere e inti-
morire i moltissimi rei. E se io dalla tua ignotissima
vita, dai privati e semplici tuoi costumi, mi ripromet-
teva pure di trarre, senza alterare il vero, luminosi
saggi di fortezza ed altezza d' animo, di umanissimo
cuore, di acutissimo ingegno, di maschio e libero petto;
di ritrarne in somma un raro complesso delle più
pregiate cittadine virtù di Roma, o d' Atene, velate
da così amabile modestia, e in tempi cotanto ad esse
contrarj con sì discreta disinvoltura senza niuno
offender praticate; non avrei io forse con un tale
scritto potuto muovere la curiosità degli uomini tutti?

non avrei io potuto la malignità dei più ammutolire coll'evidenza? non l'amore e la maraviglia di quelli destare, che della picciolezza del muto tuo stato vie più argomentando, come si dee, la grandezza delle tue doti, ed a me pienamente credendo, (perchè chi il vero scrive, facilmente con colori di verità lo dipinge) avrebbero la tua virtù non dei tempi, doppiamente sentita, e fors'anche, come nuova e inaudita cosa imitata l' avrebbero?

### Francesco

Questo lungo tuo sfogo ho io conceduto alla calda amistà: le lodi che dare a me vivo non avresti ardito (troppo m'amavi per farmi cotanto arrossire) niuno ascoltandoci, soffro che alla ombra mia tu le dii; me non offendono, perchè a te un verace affetto le detta; me non lusingano, perchè da ogni mortale umana picciolezza son tolto: e purchè a chi che sia tu mai non le narri, io godo assai, che la memoria mia sì saldo ed onorato loco entro il tuo petto ritenga. Quelle virtù che a me presti, poichè sì ben le conosci ed apprezzi, fa che sian tue, e non nel tuo scrivere soltanto, ma nella pratica della vita, per quanto i tempi il comportano: e, poichè tanto me stimi, pensa dunque a tutta meritar la mia stima; pensa che io da te non rivolgo mai gli occhi, e che ogni tuo più interno e nascosto senso io leggo e discopro.

### Vittorio

E ciò sia: e se non sempre, anzi le più rade volte, scorgerai nel mio pur troppo picciolo cuore sane ed alte cagioni che il muovano; a quest'una di parlar di te, d'amarti, e apprezzarti più che cosa del mondo,

son certo che niuna vile cagione, nessun basso fine
vedrai che mi muova.

Ma, poichè tu mi vieti che io faccia di te mai men-
zione nel mondo; ed or ora tu stesso parlandomi,
notasti il mio ardire, col quale io in faccia ti laudava,
cosa che a te vivo non avrei fatta io mai; piacciati per
mia consolazione, sollievo, e istruzione, rendere a me
solo ragione di molte tue particolarità, di cui non mi
sono attentato in vita richiedertela. E ciò non sia
prova che l'uno amico all'altro nulla tacesse; ma che,
siccome base dell'amistà nostra non erano le mutue
lusinghe, ma l' amor del vero, non tutte quelle cose
ricercavamo noi l'un dall'altro, alle quali per soddi-
sfar pienamente era d'uopo sagrificar in alcuna parte
alla verità la modestia. Quindi io delle tue virtù ogni
giorno ne andava discoprendo qualcuna, ma il fonte
di esse non sempre ti pregava io di scoprirmi. Rispondimi ora dunque su alcune; e come quegli, che è

Sciolto da tutte qualitati umane,

non mi tacere omai nulla, te ne scongiuro, ancorchè
alla delicata e modesta tua indole costar ne potesse
non poco.

### FRANCESCO

Ogni cosa farò per compiacerti, in questo brevissimo
tempo in cui la tua vista a me vien concessa dal fato:
ma non bene tu festi di non richiedermene francamente in vita: alto segno d' amicizia vera dato mi
avresti, ed io altissimo rendere tel potea snudandoti
il vero-vero dell' anima mia. E forse spessissimo la
fonte di ciò che virtù chiamavi, e che tal ti parea,
avresti visto esser tale da dovermi costar lo svelartelo,
non modestia, no, ma bensì ardire molto e vergogna.

#### Vittorio

Conosco la umana natura e me stesso. Di me o di tutt' altr' uomo, ciò credo esser vero che or tu mi accenni; ma di te non lo credo; o meno assai, che d' uomo nessuno del mondo.

Nè ingannarmi tu puoi a quest'ora di te stesso parlandomi, come forse in vita fatto lo avresti (non dico, narrandomi il falso, ma non tutto il vero del sublime tuo animo discoprendomi) per non offender forse, discreto troppo, la minoranza del mio. Ora dunque tacermi nulla tu puoi di te stesso: divisi siamo, e il siam per sempre, pur troppo! nulla di te mi rimane che la memoria del valor tuo: fa dunque che me l'abbia io intera.

E da prima rispondimi: Tu nato non nobile, ma cittadino in tempi che questo nobilissimo nome, di cui si fregiava un Scipione, per non v' essere più vera città, vien dato in suono di sprezzo alla classe posta fra i nobili e il popolo, deh, dimmi; tu nato non nobile, co'nobili che in cuore giustamente sprezzar tu dovevi, come, donde cavavi quel tuo dignitoso contegno, per cui tacitamente, senza però offenderli mai, ti venivi a mostrare tu il vero patrizio, ed essi nel tuo cospetto confessarsi pareano d'esser meno che plebe?

#### Francesco

Delicato tasto mi tocchi; e questo soltanto ben festi forse di non ricercarmi in vita. Risponderotti pur ora assai francamente.

Ancorchè nella natura umana inevitabile sia (benchè ascondibile, e dai più scaltri amatori) di sè stessi nas-

coso quell' odio che si porta ai maggiori di noi, o
creduti tali, non odiava io perciò i nobili, perchè
paragonandomi con essi, in nessuna cosa mi ritrovava
io minore di loro, ed in molte maggiore. Dal mio
negozio, dove, più per rispetti di famiglia, che per
avidità di guadagno, mi stava trafficando di seta,
vedeva io spesso pel maggior foro della città scioperati,
e carichi oppressi d'ozio e di noja codesti nobili
passeggiare; ed io li vedea standomi tal volta con
Tacito, o con altro sommo classico in mano: come
mai odiarli potea? Tacito, o altro libro dicevami, che
nè io nè essi in questi governi eravamo, nè esser pote-
vamo giammai veri uomini: niuna differenza passava
tra essi e me nel servire, se non che io d'esser servo
sapeva, e doleamene, e vergognava; essi nol sapeano,
o se ne gloriavano. Indegno sarei stato del tutto di
poter essere un vero uomo, se più assai compatita non
avessi tal gente che odiata. E in ciò ti svelo schietto
il mio cuore; o fosse natura, o fosse in me frutto del
molto leggere, e del più pensare, io gli uomini tutti
amava davvero: i pochi buoni, perchè tali; i tanti rei,
perchè rei non son quasi mai per sè stessi, ma per
fatalità di circostanze, e insufficienza di leggi. Odiava
io bensì sommamente quelle prime cagioni, che gli
uomini fanno, o lasciano esser rei, ma non gli uomini
mai. Era dunque tale lo stato della anima mia, che io
neppure i più disprezzabili dispregiava; nessuna cosa
abborriva fuorchè la violenza usata agli uomini fuor
dell'aspetto di legittima legge; molto conosceva, e
poco apprezzava me stesso; e non invidiava pure
nessuno, cotanti vedendone a me sovrastare; e non
desiderava altro al mondo che il poter praticar la
virtù: di quella parlo, che sola è la vera, poichè agli

altri uomini giova; quella, che conoscer si può, ma immedesimarsela non mai, se non col continuo, pubblico, libero, e laudato esercizio di essa. Tale era io, standomi umilmente a bottega; e non aveva altro sollievo al mondo, che l'andar leggendo i pochi ottimi libri; ed altro martirio al mondo non aveva ad un tempo, che il paragonare me, e i miei tempi, con quegli uomini e tempi, di cui leggeva.

L'umiltà dei natali doluta forse mi sarebbe oltre modo, se avendo io una vera patria, mi avesse ciò escluso dal poterla servire, e giovarle; il che, dove vera patria fu, non accadde pur mai: ma dove la chiarezza del sangue prerogativa altra non dà, che di lasciar rimirar più da presso la fucina vile, in cui le comuni catene di tutti si temprano, somma ventura io reputai il non averla sortita; poichè quindi alla oscurità del mio nascere io poteva più assai facilmente congiungere la purità della mia, non ardirò già dir libera, ma ignorata e indipendente esistenza. Da tutto ciò, forse, nacque, senza che io me ne avvedessi, quel mio contegno, qual ch'ei si fosse, co'nobili, di cui tu mi chiedi ragione.

### Vittorio

Oh anima veramente sublime, che tutto innalza quanto ella tocca! anima, che per nulla aver fatto, ed ogni cosa sentito, tanto è maggiore d'ogni altra, e direi di sè stessa!

### Francesco

Deh, modera questi tuoi affettuosi trasporti. Tanti altri uomini vi sarà, che così pensano e praticano tutto dì...

#### VITTORIO

Ed ecco ancora un'altra particolar tua grandezza.
Gli uomini conosci ed i tempi; e sì pure ti ostini a
reputare non rara cosa la virtù, ed il vero. Senza
avvedertene, tu giudichi altrui da te stesso; e così,
senza volerlo, te sovra ogni altro fai grande.

Ma, dimmi ancora: come mai col cuore e la mente
così pieni e infiammati del bello (cioè del vero); con
una tempra di carattere così magnanimamente sde-
gnoso, impaziente, e bollente; come potevi tu essere
coi dotti, o pretesi tali, cotanto modesto; cogli ignoranti così umano; coi saputi così discreto; e coi soverchiatori, in fine, cotanto signor del tuo sdegno?

#### FRANCESCO

Non fare mai, nè dir nulla invano, fu sempre la
principale mia massima. E siccome, per mostrarmi
io erudito, (se pure stato lo fossi) già non avrei in tutti
costoro scemato l'orgoglio, ma di gran lunga bensì
accresciuto in essi l'odio e la rabbia della lor dimo-
strata insufficienza; mi solea perciò tacere, o non
parlare, se non richiesto: e ciò brevemente facea, e
accompagnando sempre le parole mie col *mi pare*;
formola che tengono essi cotanto cara in altrui, mentre
pur non esce mai di lor bocca. Ma, non crederai tu
per ciò, che io avessi concepito il puerile e basso
disegno di piacere a tutti, compiacendo ai più, che
son di costoro; no; di pochissimi volli, e giovommi,
aver l'amore e la stima: degli altri soltanto non volli
aver l'odio, il quale, anche non meritato, sempre ad
un uomo buono riesce uno spiacevole carico; e sempre
suppone che molti hai offeso: e quand'anche ciò fac-

ciasi, non se ne accorgendo l' uomo, o col solo valer
più degli altri, o col lasciarlo conoscere, a ogni modo
viver dovendo fra gli uomini, e non potendo loro
giovare offendendoli, se pure d' alcun pensiero si è
fatto tesoro, ma goduto per sè, o coi pochissimi amici,
e interamente dissimulato coi rimanenti. Queste regole
del bene, o per dir meglio, del queto vivere, alquanto
debilette parranno alla tua indomita impetuosa indole:
ma, non si vuole, nè si può vivere in Siena e nella presente Italia, come già in Roma, in Sparta, e in Atene:
e siccome in quelle città molti forse, che per se amata
non l' avrebbero, praticavano, od onoravano almeno
la virtù, perchè ciò voleva la imperiosa opinione dei
più; così nelle presenti città, dove i più non la conoscono, ovvero l' abborriscono, è forza il fingere di non
conoscerla, o di non apprezzarla molto più che essi
l'apprezzino.

Confesso però, che tra quelle quattro specie d'uomini che mi hai mentovate, i dotti, gl'ignoranti, e i
saputi, mi hanno fatto ridere alcuna volta, e più spesso
a compassione destato; ma i soverchiatori mi hanno
assai volte infiammato di sdegno: non udirono perciò
essi mai da me quelle brevissime e forti verità, che
di vergogna e confusione riempiendoli, lievemente
ammutoliti gli avrebbero; tacque il mio labbro; e non
ch'io parlare temessi, ma vano il reputava del tutto:
parlò con essi tacitamente il mio aspetto; e ciò mi
bastò per non essere quasi mai soverchiato.

### Vittorio

Ciò ch'io più pregio in te ed ammiro, si è, che tu
nato buono, e fatto poi ottimo dal molto pensare, e
dal molto conoscere le umane cose, godevi pur d'es-

serlo per te stesso; e se mostrar tale ti dovevi, sempre di alquanto minor valore che il tuo non era, ti mostravi. Tu fra questi presenti uomini mi parevi quasi una gemma nel fango, che per meno rilucere vi si nasconde; ma per essere bruttata non perde già ella il suo splendore e virtù; e chiunque la raccoglie e terge, sel vede. Da questo tuo parlare ben ora comprendo, perchè allor quando l'acerba morte rapivati, ancorchè da pochissimi ben conosciuto, e da tutti dissimile, tu eri pur pianto e desiderato da tutti. La virtù, benchè occulta, gli animi dunque tutti, ed i men virtuosi, pienamente, e mal grado loro, soggioga. Ma vero è, ch'ella era di sì gran vaglia la tua, che occulta parendo, non l'era. Ignote eran forse le tue parti sublimi di verace antica virtù, che ti avrebbero fatto di tua propria luce brillare in mezzo ai più sommi uomini di Roma libera; ma quelle virtù secondarie, che altro non sono se non se negazione di vizj, e che nella presente nostra meschinità pur somme si chiamano, (e, visti i governi nostri, forse elle il sono) quelle possedevi pur tutte, e ogni giorno, come corrente moneta, senza avvedertene, le spendevi. Quindi nasceva il rispetto, quindi l'universale amore sì grande e verace, che quando io mi accompagnava con te per le vie, dal più infimo fino al più grande, io vedeva in ogni volto manifestamente nel salutarti scolpita quella tacita venerazione, che non si può aver dagli uomini mai per altr'uomo, se non per chi non ha macchia nessuna. Nel volto dei buoni, che erano per lo più i bassi, la rimirava io mista d'amore; in quel degli altri traspariva fra un nuvoletto di sdegno: ma così picciolo egli era, che io l'avrei creduto acceso più contro sè stessi, che contro di te: guai però, guai, se coloro ti avessero creduto ricco

delle tue tante altre virtù! ti si perdonavano le triviali
e morali, perchè ad ognuno parea di poterle, volendolo,
praticare. Tacitamente frattanto io osservava in me
stesso, e giubilava di doppia gioja, ravvisando in te
due così ben distinti, e così raramente accozzati per-
sonaggi: il *Gori* di tutti, e il *Gori* di sè stesso; e direi,
il *Gori mio*, se questa parola *mio* in contrapposto del
*tutti* non suonasse qui forse orgoglio e baldanza.

### FRANCESCO

Ed io, per provarti che amico vero in morte ti sono
come già in vita ti fui, render ti voglio, non grazie
per lodi, ma biasimo: e dirti voglio, che se pure in me
tu commendi l'aver cogli antichi pensato, e ai moderni
non dispiaciuto, in ciò solo imitarmi dovresti. Giacchè
pure incominciato hai di scrivere, e del tutto forse
non sei fuor di strada, libero e sublime sfogo nelle
sole tue carte concedi alla splendida e soverchia tua
bile: sottilmente, e con discrezione negli scritti ado-
prata, ella è codesta bile il più incalzante maestro
d'ogni alto insegnamento: ma fra gli uomini viventi
raffrenarla si debbe: nessuno mai correggerai coll'offen-
derlo; nè maggiore de' tuoi stessi minori mostrarti
potrai, se maggiore in prima non ti fai di te stesso.
Pensa coi classici; coll'intelletto e coll'anima spazia,
se il puoi, infra Greci e Romani; scrivi, se il sai, come
se da quei grandi soli tu dovessi esser letto; ma vivi,
e parla, co'tuoi. Di questo secolo servile ed ozioso,
tutto, ben so, ti è nausea e noja; nulla t'innalza; nulla
ti punge; nulla ti lusinga; ma, nè cangiarlo tu puoi,
nè in un altro tu esistere, se non col pensiero, e coi
scritti. Pensa dunque, ancor tel ridico, pensa, e scrivi
a tuo senno; ma parla, e vivi, ed opera cogli uomini

a senno dei più. E su ciò fortemente t'incalzo, perchè ti vorrei amato dai pochi bensì, e dai soli buoni stimato, ma non odiato mai da nessuno.

### VITTORIO

Comune non è questo pregio, poich'egli era il tuo. Io non ho in me quella umanità, agevolezza, e blanda natura, che era pur tutta tua, sovrana dote, per cui senza lusinga, nè sforzo nessuno, in vece di abbassar te fino agli altri, parevi gli altri innalzar fino a te. E questa, credilo, è l'arte sola, che fa e lascia convivere i grandi co'piccioli: ma dei veri grandi parlo io, e dei veri piccioli, che mai non son quelli, chiamati tali dal mondo.

Ma, che laudo io in te queste sociali virtù secondarie, mentre un solo esempio, ch'io recassi d'una delle altre tue, basterebbe per porti sovra ogni uomo del nostro secolo guasto? Qual fu la cagione della immatura tua morte? la pietà vera, e il raro amore, che pel tuo fratello nutrivi. In questi tempi, in cui noi tutti pur troppo dal vorace lusso incalzati, noi tutti quasi, non che piangere di vero cuore la morte dei nostri, crudelmente la desideriamo, od almen l'aspettiamo; la insaziabile abbominevol peste della cupidità delle ricchezze altrui, (peste altre volte nelle sole case dei re meritamente albergata) ora, dacchè dai moltiplicati bisogni più servi siam fatti, invaso anche ha i più umili tetti: e, tolto il nobile, e sempre di noi men servo agricoltore, il quale nella sua numerosa famiglia la ricchezza, amore e felicità sua piena ripone, gli altri tutti barbaramente s'invidiano fra loro la vita; del troppo longevo padre la invidiano i figli, della moglie il marito, del fratello il fratello; e nessuno in somma ben vivo si reputa, fin che non ha i suoi tutti sepolto. Ma tu, diverso in tutto da tutti, fosti anco in ciò diverso dai pochi sommi uomini, che per lo più tenerissimi esser non sogliono dei loro congiunti: nè dir saprei se in te fosse maggiore la sublimità della mente, o quella del cuore. Questo fratello tuo, minore di te in ogni cosa come negli anni, di cui tu, quasi amoroso padre, cotanta cura pigliavi; per cui solo attendevi a quel tuo così a te dispiacevole traffico, che necessario non t'era per vivere agiato, e di tanto disturbo ti riusciva per viver pensante; questo tuo fratello in somma, ottimo giovine e di nobil' indole anch' egli, ma in nessuna cosa superiore nè al suo stato, nè ai tempi, ed in nessunissima a te vicino, egli era pure la sola remora, l'ostacolo solo alla tua intera felicità: poichè tu, come saggio, in null'altro riponendola che nel viver libero, e pensare e dire a tuo senno, disegnavi acquistartela, emendando il tuo nascere, col ricercarla e goderla in quelle contrade dove ella in tutta securtà si ritrova e s'alligna. Eppure, quando la morte, percotendo da prima il tuo fratello, pareva aprirtene la via, poteva nel tuo petto assai più la pietà e il dolor per altrui, che non l'amor per te stesso. Non t'adirare, deh, se io qui a virtù grande ti ascrivo que'sensi, che in migliori tempi, e fra miglior gente, verrebbe tenuto mostruosità il non averli: ma così rara cosa mi pare fra noi la cagion di tua morte, e di così naturale e nuova grandezza ripiena, che ai nostri tempi, dove nè vivere nè morire da grandi mai non si può, parmi, direi così, che la natura in te solo sfoggiando, impreso abbia a deridere le tirannidi nostre; col tuo chiaro esempio mostrando, che ogni picciol tetto può esser campo a magnanimità e virtù,

ancorchè ad esse tolto ne venga ogni altro pubblico
campo. E se il dolore di un fratello semplicemente di
sangue, e non di virtù, cotanto pure potea nella ben
nata e calda tua anima, chi negarmi ardirà, che tu, in
altra più felice contrada nato, per la patria, per la
virtù, e per la verace gloria, di ogni più sublime sforzo
non saresti stato capace!

### FRANCESCO

Deh, basti. Non so se il solo dolore del premorto
fratello mi uccidesse, e nol credo; ma certo il mio
corpo, già non robustissimo, gran crollo ne riceveva.
Doleami il fratello, poco curava io di me stesso, e tu
presente non eri; propizio era il punto. All'età mia
non m'era possibile oramai di rinascere a vera vita;
tu sai che il dolor di non vivere quale potuto forse
l'avrei, andava consumando i miei giorni; l'aggiunta
dell'estraneo dolore fu quella forse che colmò la
misura; e morte, che in petto mi albergava pur sempre,
trovò in quell'istante tutte dischiuse le vie a diffon-
dersi pel debil mio corpo. E ciò fu il meglio per me:
alle tante mie noje non v'ho aggiunto vecchiezza, e
i suoi fastidj moltissimi.

### VITTORIO

Ah crudele! ma non era già il meglio per me, che
nel perderti, la metà, e la migliore dell'esser mio
smarrita ho per sempre; e altro sollievo non serbo,
che il sempre pascermi piangendo della tua memoria
ed immagine.

### FRANCESCO

Doler non mi posso dell'immenso amor tuo; ma ti
biasmerò bensì molto del lasciarti così in preda al

dolore, e del dirmi, o pensare, che in me tu perdesti la metà del tuo essere. Nel fior de' tuoi anni; acquistata (ancorchè a carissimo prezzo) a te stesso quella libertà, che se a farti vero cittadino insufficiente è pur sempre, poichè tal non sei nato, a non impedirti di essere e dimostrarti uomo pur basta; ed in oltre dolcemente ripieno il tuo cuore di nobile e degno amore; infelice a tai patti reputar non ti dei; nè io ti concedo che tu sii colla fortuna tua ingiusto ed ingrato. Che di me ti dolga, mi è dolce; poichè il moderato dolore agli animi teneri e grandi è pascolo; che ad essi anco arreca un loro particolare diletto; ma che tu ten disperi, nol voglio. Assai gran parte ti resta di quelle cose che all'umano cuore più giovano: anzi tutte ti restano, poichè quella stessa santa amistà che tra noi passava, e che pure, nol niego, è così importante e necessario sollievo alla umana miseria, tu la ritrovi tuttora, e sotto più piacevole e lusinghiero aspetto, nel cuore dell'amata tua donna. Con essa delle più alte cose parlare ti è dato; ella tutte le intende, le assapora, le sente. Sovrano impulso al ben fare dal dolce e sublime suo conversare trarrai, e l'hai tratto finora.

### Vittorio

Oh dolcissimo amico, tu mi parli di cosa, che sola di seguitarti impedivami: argomentar puoi quindi s'io l'ami. Sostegni della mia vita, d'ogni opera mia entrambi voi l'anima siete; e tu, sì, benchè tolto dagli occhi miei, tu il sei tuttavia; e se in essa te tutto ritrovato non avessi, i soli legami d'amore a ritenermi in vita eran pochi. Ma spesso, tu il sai, crudelmente costretto son io di lasciarla; e son quelli i momenti terribili del mio più feroce delirio. Di te mi ritrovo

io privo per sempre, di essa troppo più a lungo ch'io
sostenere nol posso; in preda solamente a me stesso
in tal guisa rimasto, me stesso invano ricerco, e non
trovo. Ed ecco come alla accesa mia fantasìa altro
sfogò o rimedio non soccorre, che il pianto, o le rime.
Ed ecco come, ora desiando, ora immaginando di
vederti e parlarti, io ho vissuti questi due anni dacchè
mi sei tolto. Ma pur troppo in me sento un funesto
presagio, che questa prima volta sarà la sola ed ultima,
in cui mi fia dato il favellarti e l'udirti : e il crudel fato
alle eterne sue leggi per or derogando, quest'una forse
conceduta non mi ha, che come un lieve compenso
all'inopinato e barbaro modo, con cui rapito mi fosti.

### FRANCESCO

Vero è; (così pur non fosse!) che prima ed ultima
volta fia questa, in cui scambievolmente vederci ed
udirci potremo oramai; ma la fervida memoria che
di me tu conservi, mi ti renderà bene spesso presente,
ed in parte così verrai a deludere le inesorabili leggi
di morte. Dal vano pianto io ti scongiuro dunque a
cessare; non ardirò dirti interamente lo stesso quanto
alle tue tante rime; sì delle poche che per me hai fatte
o farai, sì delle molte, e troppe, che per la tua donna
scrivesti e scrivi tuttora. Ma siccome tu fama da esse
non pretendi nè aspetti, più nobile e dolce sfogo della
mestizia dell'animo tuo, amichevolmente ti dico che
ritrovare non puoi. E molto mi piace che dell'amata
tua donna, più assai che i crin d'oro e i negr'occhi,
ne vai laudando la candidissima alma, il dolce costume,
gli alti sensi, e il nobile acuto e modesto ingegno. Ma
sieno, ten prego, codeste rime il tuo pensiero secondo;
le tragedie vadano innanzi; e pensa, che alla nostra

Italia ben altramente bisognano altezza d' animo e
forza, che non soavità di sospiri. Non ti stancare di
adoperar sovr'esse la lima penosa; e un certo discreto
numero non ne eccedere. Il bollore degli anni im-
piegato hai finora nel bollor del creare; i rimanenti,
che l'età intiepidisce più sempre, alla freddezza della
lima consecrali; e, per ultimo prego mio, cui ben fitto
ti scongiuro di sempre portarti nel cuore, giunto che
sarai ad una certa discreta età, conosciti, e datti per
vecchio, anche anzi d'esserlo; e le Muse abbandona,
prima ch'elle ti lascino. Nè in ciò ti voglio concedere
che coi più grandi scrittori tu pecchi; convinto sii,
che varcato dall'uomo il nono lustro, o poco più in là,
ogni poeta che scrive, va togliendo a sè stesso la già
acquistata fama.

### VITTORIO

Il nobile e giusto consiglio, che interamente pure
al mio pensare si addatta, da te riconoscere il voglio;
e, come d'ogni altro tuo prego, a me far di questo
una legge inviolabile. Due cose sole a chiederti mi
rimane; ed è l'una; se non isdegneresti che io in
alcuna parte ti ponessi una semplice marmorea lapide,
con sopravi poche parole, ove testimoniando al mondo
il mio immenso amore per te, il tuo alto valore almen
vi accennassi.

### FRANCESCO

Negar non tel voglio, se ciò al tuo dolore è sollievo;
ma se con ciò speri di farmi più noto al mondo, ti
pregherò pur di nol fare. Ad ogni uomo si pongono
tutto dì delle lapidi, e inosservate meritamente elle
passano. Ogni anche ottimo verso, che sulla tomba di
un estinto si legga, non equivale mai al semplice nome

di chi alcuna chiara cosa operava: nulla rimane di chi nulla fece, ancorchè vi si sforzi in contrario ogni più alto ingegno. Tomba dunque assai degna, e la sola ch'io brami, ottenuta ho io finchè voi vivete, nel tuo cuore, e nell'altro, che al tuo sì strettamente allacciato è per sempre. Estinti voi, con voi non dorrammi di affatto perire, se così vuole il vostro destino: ma se la fama pure delle opere tue dal sepolcro ti trae, quella picciola parte di essa me ne basta, che disgiungersi non può dalla tua in chi tanto amasti, e cotanto ti amava.

VITTORIO

Noi dunque quanto alla lapide seguiteremo il dettato del nostro addolorato cuore, senza scordarci però della sublimità vera di questi tuoi ultimi detti.

L'estremo mio prego, di cui sconsolato oltre modo ne andrei, se a me tu il negassi, si è, che ti piaccia concedermi che io intitoli al tuo per me sacro nome la mia Congiura de'Pazzi; tragedia, in cui quanto più altamente ho saputo, quei sensi stessi ho spiegati, che dal tuo infiammato petto sì spesse volte prorompere udiva con energìa e brevità tanta di maschie e sugose parole.

FRANCESCO

Ciò che in codesta tragedia non debolmente, parmi, esprimesti, non nego io d'averlo già fortemente sentito; ed in ciò eravamo noi pari: ma ella è ben tua la tragedia; e come cosa tua, e degna di te, l'accetto io; come cara e somma dimostrazione del tuo affetto la tengo; purchè con troppe laudi non vogli in quella dedica più onore nè parte ascriverne a me, di quello che a me se ne aspetti. In vita, rimembrami, di ciò ti parlava fin da quando a me destinata l'avevi, e ricevutala io; benchè le fortissime verità che là entro si leggono, poteano di danno riuscirmi non lieve, finchè costretto era io di vivermi entro il mio carcer natìo: alla tirannide, il sai, non meno dispiace chi dire osa il vero, che chi riceverlo ardisce. Ma tu, amico mio non meno discreto che caldo, tra le altre ragioni per cui ne sospendesti la stampa, fu anche una quella, di non volermi, nè la tragedia datami togliere, nè, col darmela, intorbidare in parte nessuna la tranquillità, o per dir meglio, il sopore della servile e tremante mia vita. Tu, generoso, per me ti assumesti di esser timido e vile; ed assai forte prova, in ciò fare, del tua rara ed immensa amicizia mi davi. Ma pure, tu il sai; che io a ricevere la tragedia tua era pronto, e che ogni mio danno, se toccarmene alcun men dovea, io riputava guadagno, qualor per te lo soffriva.

### VITTORIO

Il pianto mi strappi dal cuore; parlare, nè respirare più quasi non posso. Ogni tuo consiglio, prego e volere, sarà pienamente adempito da me....Ma, oimè! già già ti dilegui!....Deh, ti arresta;...odimi ancora.

### FRANCESCO

Tutto udii; tutto dissi. Irresistibile forza dagli occhi tuoi mi sottrae. Felice vivi, e possanza nessuna di tempo dal tuo cor mi scancelli.

www.ingramcontent.com/pod-product-compliance
Ingram Content Group UK Ltd.
Pitfield, Milton Keynes, MK11 3LW, UK
UKHW042149280225
455719UK00001B/217

9 781107 622975